SAY YES TO NEW ADVENTURES

EXPLORE

SÜDFRANKREICH

PROVENCE | CÔTE D'AZUR | MONACO

ONLINE-PORTAL

Im **Explore-Online-Portal** finden Sie eine Vielzahl interaktiver Karten mit integrierter Routenplaner-Funktion*

IHR ZUGANGS-PASSWORT: **Nc2808Sv**

Geben Sie den folgenden Link in den Browser ihres Smartphones oder Tablets ein:

www.explore-reiseführer.de/paca

* mobiles Internet und die kostenlose GoogleMaps-App vorausgesetzt

LAC DE SAINTE-CROIX
NATURPARK VERDON

Der Lac de Sainte-Croix ist ein an der Grenze der Départements Alpes-de-Haute-Provence und Var gelegener Stausee und gehört zum Naturpark Verdon. Der Fluss Verdon durchfließt die Verdonschlucht, eine der tiefsten Schluchten Europas, bevor er in den Lac de Sainte-Croix mündet.

Surfen und das Befahren mit Segel- und Elektrobooten ist am Lac de Sainte-Croix erlaubt. Bootsverleihe finden Sie in den zwei Hauptorten Sainte Croix du Verdon und Bauduen (siehe Online-Portal).

Das Baden ist nur an den ausgeschilderten Badestelle erlaubt, die Strände am See sind hauptsächlich Kies- oder steinige Naturstrände.

LA PLAIN DES MAURES
NATURRESERVAT

Das Naturschutzgebiet "La plaine des Maures" im Mauren Massiv gehört zu einem der letzten noch unberührten und naturbelassenen Wildnisgebiete an der Côte d'Azur. Die Landschaft mit ihren Pinienbäumen, Kastanienbäumen und Korkeichen ist einzigartig und beeindruckend. Bei Sonnenuntergang hat man den Eindruck inmitten der afrikanischen Savanne zu stehen. Wer abseits der großen Touristenströme Wandern oder Mountainbiken möchte, ist hier genau richtig! Das Mauren Massiv ist berühmt für seine Spezialitäten auf Basis von Maronen wie zum Beispiel kandierte Kastanien und Maronenmarmelade. Im Dorf Collobrières findet jedes Jahr im Oktober das Fest der Kastanien statt.

GRASSE
WELTHAUPTSTADT DES PARFUMS

Grasse gilt als Welthauptstadt des Parfums und erreichte als Handlungsort des Romans "Das Parfum" von Patrick Süskind weltweite Bekanntheit. Über 30 Parfümerien gibt es in Grasse. Fast jede größere Parfümerie in Grasse bietet kostenlose Führungen durch ihre Produktionsstätten an. Auch wenn diese natürlich alle in einem Verkaufsraum enden, erhält man einen sehr guten Einblick in die einzelnen Arbeitsgänge der Parfumherstellung und die Geschichte der Parfumherstellung in Grasse.

TIPP

Wenn Sie mit dem PKW anreisen, ist der optimale Ausgangspunkt um Grasse zu erkunden das Parkhaus am Vinci Park Honoré Cresp (siehe Online-Portal) in der 1 Rue de la Pouost. Die Preise (Stand 03.2018) liegen zwischen 6,90€ für maximal 3 Stunden und 13,80€ für eine Tageskarte (24h gültig). Das Parkhaus ist nur wenige Gehminuten von der teilweise in mittelalterlicher Bauweise erichteten Innenstadt mit ihren zahlreichen Geschäften und Parfümerien entfernt. Auch das Internationale Parfummuseum ist in wenigen Schritte zu erreichen.

Man sagt die Crêpes von Gilbert in der Crêperie „La Spaghetteria" in der Altstadt von Grasse seien die besten der Region. Man findet ihn täglich von 10:00Uhr bis 18:00Uhr in der Altstadt zwischen Rue Jean Ossola und an der Impasse des Lièvres. Neben den köstlichen süßen und herzaften Crêpes hat Gilbert auch Pasta in verschiedensten Variationen im Angebot.

Der große provenzalische Markt "Grand marché provençal de Grasse" findet jeden Samstag Vormittag auf dem Place aux Aires statt. Hier verkaufen etwa 40 Händler Obst, Gemüse, Fleischwaren, Blumen und Pflanzen. Über die Saison hinweg kann die Anzahl der anwesenden Händler jedoch stark variieren.

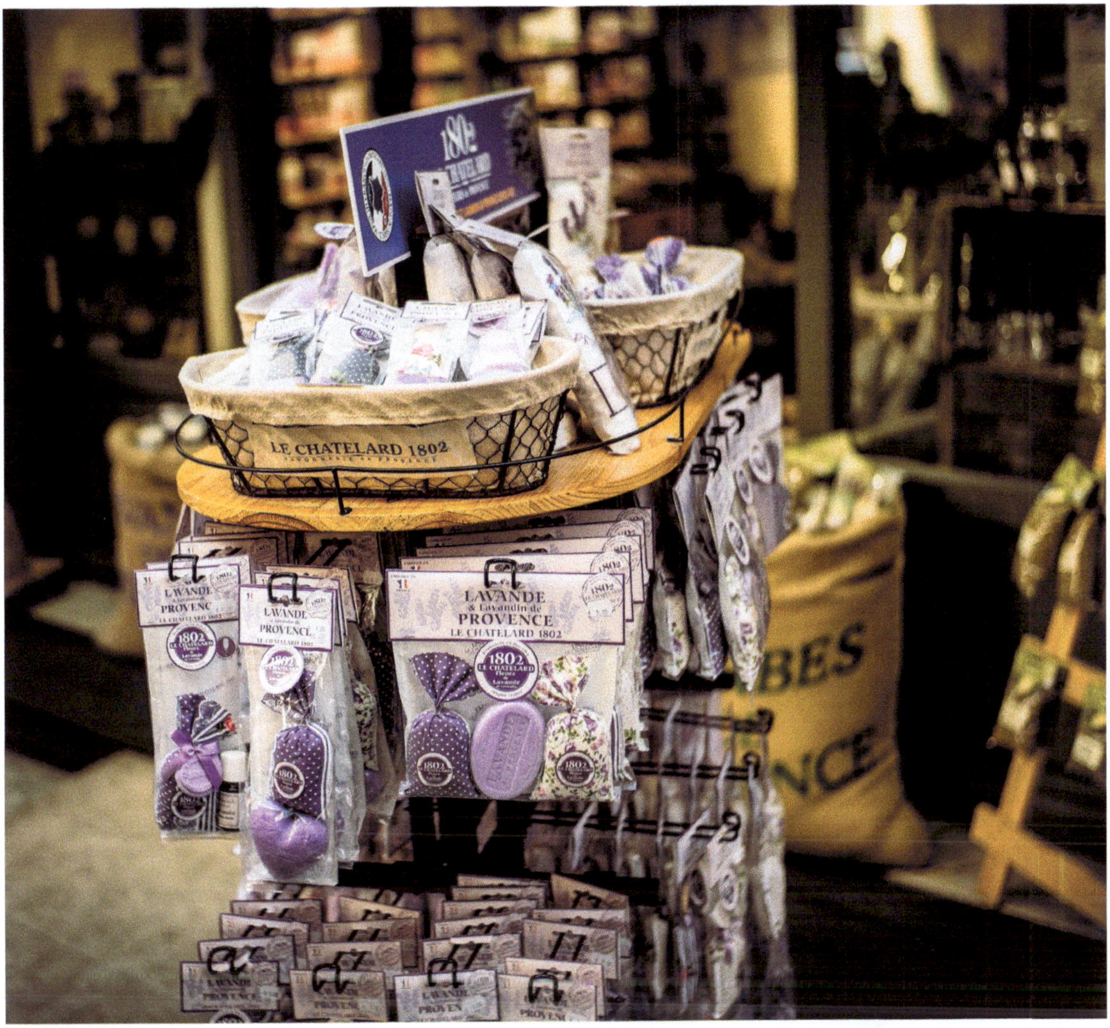
LE CHATELARD 1802
LAVANDE
& Lavandin de
PROVENCE
LE CHATELARD 1802

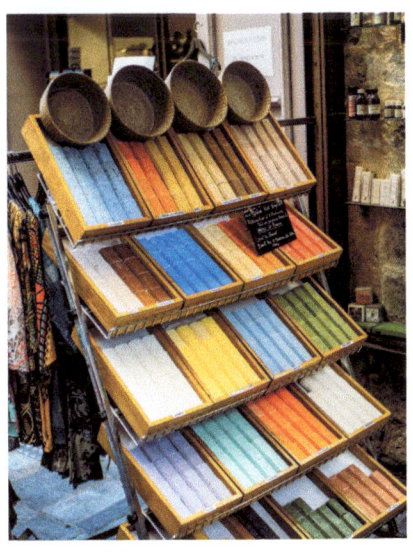

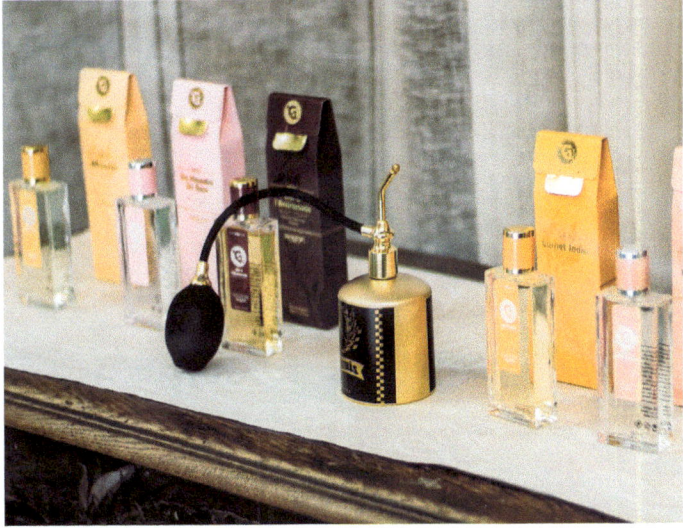

Auf dem "Le Puy" (Podium), der höchsten Erhebung von Grasse, sieht man die **Kathedrale Notre-Dame-Du-Puy** mit ihrer Fassade aus weissem Kalkstein schon aus der Ferne.

KATHEDRALE
NOTRE-DAME-DU-PUY GRASSE

Im Jahr 1244 wurde sie vom Bischof von Antibes zum Bischofssitz ernannt. Der Bereich um die Kathedrale bildet mit seinen mittelalterlichen Bauwerken, Plätzen und Parks das Herzstück von Grasse.

In der Kathedrale findet man neben Gemälden des Grasser Künstlers Jean-Honoré Fragonard auch eine Gruppe von Bildern des Malers **Peter Paul Rubens** aus dem Jahr 1602. Die Kathedrale kann täglich von 9:30-11:30Uhr und 15:00-16.30Uhr besichtigt werden.

Schließen Sie die Augen und genießen Sie die Düfte. In der gesamten Stadt duftet es nach Rose und Lavendel, Zitrone, Rosmarin und Jasmin. Verantwortlich dafür sind neben den unzähligen Parfumerien auch kleine versteckte Schläuche, die sich überall in der Altstadt durch die Parks und Gassen ziehen und im 5-Minuten Takt die herrlichen Düfte versprühen.

Am **Place de 24. Août**, gleich hinter der Kathedrale Notre-Dame-Du-Puy, findet man einen kleinen Park mit Sitzgelegenheiten und einen Ausichtspunkt von dem man einen herrlichen Blick über Grasse und die Alpes-Maritimes hat.

ROUTE DES VINES
DE PROVENCE

Route des Vins de Provence – Die Provenzalische Weinstraße. Dabei handelt es sich nicht um eine Straße im klassischen Sinne, sondern vielmehr um eine Genussroute mit zahlreichen Nebenstrecken und Abzweigungen, bei der der Genuss edler Tropfen, speziell des frischen Rosé Weines, im Mittelpunkt steht. Sie führt durch endlos erscheinende, violett leuchtende Lavendelfelder, vorbei an pompösen Weingütern und durch idyllische Dörfer.

Die Route erstreckt sich über 200km von Avignon und Marseille im Westen entlang der Côte d'Azur bis hin nach Nizza im Osten und ist in ingesamt 8 Regionen unterteilt: Côtes de Provence, Coteaux Varois en Provence, Coteaux d'Aix-en-Provence, Bandol, Cassis, Palette, Baux de Provence et Bellet. Die meisten Weingüter befinden sich in den Departements Var und Bouches-du-Rhône.

Rosé-Wein ist so etwas wie das Lebenselixier der Region. Nicht zuletzt deshalb ist die Provence das einzige Anbaugebiet, wo man sich weitestgehend auf die Herstellug von Rosé-Wein spezialisiert hat (88% Rosé, 9% Rotwein, 3% Weißwein).

Fast jedes Weingut bietet kostenlose Führungen und Verkostungen an. Eine Übersicht aller Weingüter und deren Öffnungszeiten finden Sie auf der offiziellen Webseite (verfügbar in Englisch und Französisch) der Route des Vins de Provence. Die Links finden Sie im Online-Portal.

OCKERBRÜCHE
VON RUSTREL

Der Naturpark Luberon hat zwei Ockersteinbrüche zu bieten. Zum einen die Brüche von Roussillon und zum anderen die von Rustrel. Die Brüche von Roussillon sind weitaus bekannter. Größer und imposanter ist jedoch der sogenannte "Colorado Provencal" in Rustrel. Abgesehen von pittoresken Schluchten und bizarren Felsformationen sind es vor allem die Farben die faszinieren. Intensivste Rot-, Gelb- und Brauntöne treffen hier aufeinander und bringen jeden Besucher zum staunen.

Durch das 30 Hektar große Gebiet führen mehrere verschieden lange Wanderwege. Vom kurzen Spaziergang bis hin zur Tagestour ist alles möglich. Man sollte bei der Wanderung feste und nicht gerade die neusten Schuhe trag da dieses schon nach wenigen Schritten komplett mit den stark färbenden Ockermineralien überzogen sind.

PLAGE D'ESTAGNOL
AM FORT DE BRÉGANÇON

Die **Bucht von d'Estagnol** liegt zwischen La-Londe-les-Maures und Fort de Brégançon und gilt mit ihrem weißen, feinsandigen Strand und türkisfarbenen und klaren Wasser als eine der schönsten Buchten an der französischen Mittelmeerküste. Da der Strand sehr flach abfallend ist, bietet die Bucht von d'Estagnol ideale Bedingungen für Familien mit kleinen Kindern. Allerding herrscht hier im Sommer Hochbetrieb, sodass man stellenweise Schwierigkeiten hat noch einen freien Platz am Strand zu finden. Man gelangt nur über einen kostenpflichtigen Parkplatz (10,00€ für eine Tagesticket) zur Bucht.

AIX-EN-PROVENCE
HISTORISCHE HAUPTSTADT DER PROVENCE

Ein sehr guter Ausgangspunkt um Aix-en-Provence zu erkunden ist das **Parkhaus Pasteur** (siehe Online-Portal) in der Rue du Chapitre. Schon nach wenigen Gehminuten Richtung Stadtzentrum erreichen Sie das bedeutendste Kulturdenkmal von Aix-en-Provence, die Kathedrale Saint-Sauveur. Wenn Sie nach deren Besuch der Rue de Gaston de Saporta weiter Richtung Zentrum folgen, gelangen Sie zum Place de l'Hôtel de Ville in dessen Nähe sich auch die historischen Thermalquellen aus römischer Zeit befinden.

Verpassen Sie es bei ihrem Besuch in Aix en Provence nicht über die geschichtsträchtige Prachtmeile Cours Mirabeau zu schlendern. Diese Flanierstraße verzaubert ihre Besucher mit kunstvoll dekorierten Bauten, prächtigen Brunnen, belebten Cafés und vornehmen Stadtpalais aus vergangenen Jahrhunderten.

Rund um den Place de l'Hôtel de Ville befinden sich in den engen, verschlungenen Gässchen eine Vielzahl kleiner Geschäfte. Vorallem Feinschmecker und Naschkatzen finden hier alles was das Herz begehrt!

KATHEDRALE
SAINT SAUVEUR AIX-EN-PROVENCE

Jedes Jahr besuchen unzählige Touristen die französische Universitätsstadt Aix-en-Provence, um die Kathedrale Saint-Sauveur zu besichtigen. Mittlerweile wird das sakrale Bauwerk sogar als bedeutendstes Kulturdenkmal von Aix-en-Provence bezeichnet. Der riesige Eingang mit Türen aus Nussbaumholz und einzigartigen Schnitzereien ist besonders eindrucksvoll. Auch der Innenbereich ist sehr prunkvoll gestaltet. Die meisten Elemente stammen dabei noch aus römischer Zeit. Das Herzstück der Kathedrale Saint-Sauveur bildet ein eindrucksvoller steinerner Altar. Die Innenwände sind zudem mit zahlreichen Malereien und Wandteppichen bedeutender Künstler verziert.

CAP TAILLAT
NATURSCHUTZGEBIET

Das Cap Taillat liegt an der Küste der Halbinsel von Saint-Tropez und ist eine landschaftliche Sehenswürdigkeit. Sie erreichen das Cap Taillat nicht mit dem Auto sondern nur durch eine Wanderung entlang der Mittelmeerküste. Das Cap Taillat ist ein Naturschutzgebiet und besteht aus einem kleinen felsigen Hügel, der nur durch eine schmale Landzunge in Form eines Sandstrandes mit dem Festland verbunden ist. Leider wurde ein Grossteil des Naturschutzgebietes durch die schweren Waldbrände im Juli 2017 zerstört.

Kristallklares Wasser und Felsen zeichnen die Küste um das Cap Taillat aus.

Die Pfade führen zum Teil direkt an der felsigen Küste entlang. Bitte beachten Sie, dass die Wanderung festes Schuhwerk erfordert und für Kleinkinder ungeeignet ist!

TIPP

Idealer Ausgangspunkt für die Wanderung zum Cap Taillat ist der Parkplatz am Plage de l'Escalet in Ramatuelle (siehe Online-Portal). Eine Tageskarte kostet dort 4,50€ (Stand 08.2017). Direkt am Parkplatz startet der Wanderweg zum Cap.

PLAGE DE L'ESCALET
AM CAP TAILLAT

Der Plage de l'Escalet liegt auf der Halbinsel von Saint-Tropez und ist nur ein paar Kilometer vom bekannten Plages de Pampelonne entfernt. Das türkisfarbene Wasser ist unglaublich klar und sauber, die Wasserqualität hebt sich außerdem deutlich von denen der Nachbarstränden ab. Die Badebucht ist auch für Kinder sehr gut geeignet da das Wasser relativ flach ist. Oberhalb des Strandes verläuft der Küstenweg zum Naturschutzgebiet Cap Taillat. Da der Plage de l'Escalet nicht besonders groß ist, kann es in den Hauptreisemonaten Juni, Juli und August sehr voll werden. Hier sollte man möglichst früh kommen, um erst einen Parkplatz und danach einen schönen Platz am Strand zu bekommen.

LAVENDELFELDER
PLATEAU DE VALENSOLE

Das Plateau de Valensole hat etwa eine Fläche von 800 km² und befindet sich zwischen der Stadt Verdon und dem Lac de Sainte-Croix. Besonders beeindruckend ist die Region um den namensgebenden Ort Valensole. Hier findet man neben Sonneblumenfeldern auch unendlich scheinende Lavendelfelder die zu ihrer Blütezeit ab Ende Juni zahlreiche Touristen anlocken. Über dem gesamten Plateau liegt im Sommer ein intensiver Lavendelduft und in den violetten Feldern summen tausende Hummeln und Bienen. Da es im Sommer sehr heiß wird lohnt sich danach auch ein Abstecher zum Baden an den nahe gelegnenen Lac de Sainte-Croix um sich ein wenig abzukühlen.

SAINT TROPEZ
STADT DER SCHÖNEN & REICHEN

Seit den 1950er Jahren hat sich das Fischerdörfchen St. Tropez (ca. 4.300 Einwohner) immer mehr zu einem Treffpunkt von Künstlern und der High Society entwickelte. Brigitte Bardot oder auch Gunter Sachs lebten und arbeiteten in der Küstenstadt. In den Einkaufsstraßen von Saint-Tropez reihen sich mondäne Boutiquen bekannter Luxusmarken wie Dior, Cavalli, Gucci, Vuitton, Bottega Veneta, Chanel, Fendi, Dolce Gabbana, Bulgari aneinander. Über die **Rue Francois Sibilli** gelangen Sie direkt in den Hafen von St. Tropez. Sehr empfehlenswert sind die dort angebotenen Schiffsrundfahrten. Die 1-stündige Tour durch den Yachthafen, die Bucht von St. Tropez, vorbei an der Baie de Canebiers und der La Citadelle de Saint-Tropez ist sehr sehenswert und kostet 11,00€ pro Person. Kinder bis 6 Jahre dürfen kostenlos mitfahren (Stand 08.2017). Die Touren finden täglich ab 11:00Uhr im Stundentakt statt. Die Anlegestelle ist an der **Quai Suffren** genau gegenüber des **Cafe de Paris**.

Wer im Parkhaus **Parc des lices** parkt und Richtung Hafen läuft, sollte die **Rue Francois Sibilli** nutzen. Auf dieser Flaniermeile finden Sie neben zahlreichen Cafes und Restaurents auch Boutiquen aller großer Luxus-Marken.

In der **Rue Francois Sibilli** ist auch das originale Polizeirevier aus der bekannten 6-teiligen Gendarmen-Filmreihe mit **Louis de Funès** als Gendarm Ludovic Cruchot. Wer sich für diese Filmreihe interessiert, sollte einen Besuch im **Musée de la Gendarmerie et du Cinéma de Saint-Tropez** auf dem Place Blanqui keinesfalls verpassen. Im Museum finden Sie neben vielen Originalkulissen und Requisiten der Gendarmen-Reihe auch viele andere Informationen über Filmgrößen wie Brigitte Bardot und Romy Schneider.

FÜRSTENTUM MONACO
DER MONDÄNE STADTSTAAT

Ein Ausflug in das Fürstentum Monaco sollten Sie während Ihrem Urlaub in Südfrankreich ebenfall mit einplanen. Der Stadtstaat Monaco ist nach dem Vatikan das zweitkleinste Land der Welt und wird komplett von Frankreich umschlossen. Das Steuerparadies Monaco gilt als die Heimat von Luxus und Glamour. Nicht zuletzt unterstreicht die Fürstenfamilie der Grimaldis dieses Bild. Monaco ist ein reiner Stadtstaat und gliedert sich in die Teile Monaco-Ville mit dem Schloss, Monte-Carlo mit dem bekannten Spielcasino, La Condamine am Hafen, das im Meer aufgeschüttete Fontvieille, Moneghetti mit dem Exotischen Garten und Larvotto mit dem künstlichen Strand.

TIPP

In Monaco gilt, nicht nur in den Kathedralen und Casinos, eine strenge Kleiderordnungen. Der Versuch die Stadt in Badebekleidung oder ähnlichem zu erkunden, wird beim ersten Polizisten enden und die Polizei ist allgegenwärtig in Monaco. Nicht umsonst ist Monaco, neben dem Vatikanstaat, das sicherste Land der Welt. An allen Einfallstraßen finden sich Polizeistationen, alle größeren Kreuzungen und öffentlichen Plätze werden von uniformierten Polizisten gesichert und überwacht. Die Polizisten treten freundlich, aber bestimmt auf.

FÜRSTENPALAST
VON MONACO

Über der malerischen Altstadt mir ihren verwinkelten Gassen erhebt sich der Fürstenpalast. Der Palais de Prince wurde bereits im 13. Jahrhundert auf einer alten Festung der Fürsten von Genua erbaut. Bei Abwesenheit der Fürstenfamilie, gewöhnlich von Juni bis September, können Teile des Palastes besichtigt werden. Sehenswert ist die tägliche Wachablösung um 11:55 Uhr im Hof des Palastes, bei der die Palastwache nach einem streng militärischen Zeremoniell auf und ab schreitet. Die Uniformen der Fürstengarde wechseln je nach Jahreszeit - im Winter schwarz und im Sommer weiß.

Von der Aussichtsplattform rechts des Palais haben Sie einen wunderschönen Blick über die gesamte Stadt und den Port d'Hercule.

PORT D'HERCULE
VON MONACO

Ein imposanter Anblick sind die mondänen Yachthäfen von Monaco. Der größte und für mich schönste ist der Port d'Hercule. Der Hafen ist mit ca. 160.000 Quadratmetern der größte und einzigste Tiefwasser-Hafen von Monaco. Bis zu 700 Schiffen haben im Hafen Platz, vielen davon sind Luxusyachten.

Im Jahr 1995 war der Hafen Schauplatz für den Dreh einer Szene zum James Bond Film "Golden Eye".

OZEANOGRAFISCHES
MUSEUM VON MONACO

Das Ozeanographische Museum befindet sich an einem ins Mittelmeer reichenden Felshang und wacht seit über einem Jahrhundert über die Meere. Von Aquarien über die Haifischlagune und die Schildkröteninsel bietet das Museum den Besuchern die Möglichkeit, die Weltmeere kennen, lieben und schützen zu lernen.

Der Gründer des Ozeanographischen Museums von Monaco war Fürst Albert I. von Monaco. Seine große Liebe galt der Erforschung der Ozeane. Einen großen Teil seines Lebens verbrachte er als Forschungsreisender auf den Weltmeeren. Albert I. lebte von 1848 bis 1922 und wurde in der Kathedrale Notre-Dame-Immaculée von Monaco beigesetzt. Von 1957-1988 war der weltweit bekannte Pionier der Meeresforschung, Jacques-Yves Cousteau, Direktor des Museums.

"DER GRÖSSTE SCHATZ DES MEERES SIND NICHT NUR SEINE ROHSTOFFE, ES IST DER QUELL DER INSPIRATION UND DES GLÜCKS, DEN WIR DARAUS GEWINNNEN."

Meeresforschers Jacques-Yves Cousteau

KATHEDRALE
NOTRE-DAME-IMMACULÉE MONACO

Die Kathedrale Notre-Dame-Immaculée in Monaco ist die Hauptkirche des Fürstentums Monaco, Sitz des Erzbischofs von Monaco und Grabeskirche des Geschlechts der Grimaldi. Unter dem Chor befinden sich die Grabstätten der monegassischen Fürstenfamilie Grimaldi, alle Fürsten mit Ausnahme von Honoré III. und Jacques I. fanden hier ihre letzte Ruhestätte. Die Gruft birgt die Grabstätten der Bischöfe von Monaco.

Die Kathedrale liegt nur etwa 5 Gehminuten vom **Ozeanographische Museum** und 10 Gehminuten vom **Prinzenpalais** enfernt. Parken Sie am besten im Parkhaus des Ozeanographischen Museums.

Impressum

Autor:
Sleek&Stylish
c/o Christian Gerlach
Hauptstrasse 46
09432 Großolbersdorf
www.sleek-stylish.de

Verlag und Druck:
tredition GmbH
Halenreie 40-44
22359 Hamburg"

Erscheinungsjahr: 2018